In Loving Memory of:

_____

_____ *to* _____

Photo Memories

Name: _____ Date: _____

Email / Phone: _____

Address: _____

Comments: _____

_____

_____

Name: _____ Date: _____

Email / Phone: _____

Address: _____

Comments: _____

_____

_____

Name: _____ Date: _____

Email / Phone: _____

Address: _____

Comments: _____

_____

_____

Name: _____ Date: _____

Email / Phone: _____

Address: _____

Comments: _____

_____

_____

Name: _____ Date: _____

Email / Phone: _____

Address: _____

Comments: _____

_____

_____

Name: _____ Date: _____

Email / Phone: _____

Address: _____

Comments: _____

_____

_____

Name: _____ Date: _____

Email / Phone: _____

Address: _____

Comments: _____

_____

_____

Name: _____ Date: _____

Email / Phone: _____

Address: _____

Comments: _____

_____

_____

Name: _____ Date: _____

Email / Phone: _____

Address: _____

Comments: _____

_____

_____

Name: _____ Date: _____

Email / Phone: _____

Address: _____

Comments: _____

_____

_____

Name: _____ Date: _____

Email / Phone: _____

Address: _____

Comments: _____

_____

_____

Name: _____ Date: _____

Email / Phone: _____

Address: _____

Comments: _____

_____

_____

Name: _____ Date: _____

Email / Phone: _____

Address: _____

Comments: _____

_____

_____

Name: _____ Date: _____

Email / Phone: _____

Address: _____

Comments: _____

_____

_____

Name: _____ Date: _____

Email / Phone: _____

Address: _____

Comments: _____

_____

_____

Name: _____ Date: _____

Email / Phone: _____

Address: _____

Comments: _____

_____

_____

Name: _____ Date: _____

Email / Phone: _____

Address: _____

Comments: _____

_____

_____

Name: _____ Date: _____

Email / Phone: _____

Address: _____

Comments: _____

_____

_____

Name: _____ Date: _____

Email / Phone: _____

Address: _____

Comments: _____

_____

_____

Name: _____ Date: _____

Email / Phone: _____

Address: _____

Comments: _____

_____

_____

Name: _____ Date: _____

Email / Phone: _____

Address: _____

Comments: _____

_____

_____

Name: _____ Date: _____

Email / Phone: _____

Address: _____

Comments: _____

_____

_____

Name: _____ Date: _____

Email / Phone: _____

Address: _____

Comments: _____

_____

_____

Name: _____ Date: _____

Email / Phone: _____

Address: _____

Comments: _____

_____

_____

Name: _____ Date: _____

Email / Phone: _____

Address: _____

Comments: _____

_____

_____

Name: _____ Date: _____

Email / Phone: _____

Address: _____

Comments: _____

_____

_____

Name: _____ Date: _____

Email / Phone: _____

Address: _____

Comments: _____

_____

_____

Name: _____   Date: _____

Email / Phone: _____

Address: _____

Comments: _____

_____

_____

Name: _____   Date: _____

Email / Phone: _____

Address: _____

Comments: _____

_____

_____

Name: _____   Date: _____

Email / Phone: _____

Address: _____

Comments: _____

_____

_____

Name: _____ Date: _____

Email / Phone: _____

Address: _____

Comments: _____

_____

_____

Name: _____ Date: _____

Email / Phone: _____

Address: _____

Comments: _____

_____

_____

Name: _____ Date: _____

Email / Phone: _____

Address: _____

Comments: _____

_____

_____

Name: _____ Date: _____

Email / Phone: _____

Address: _____

Comments: _____

_____

_____

Name: _____ Date: _____

Email / Phone: _____

Address: _____

Comments: _____

_____

_____

Name: _____ Date: _____

Email / Phone: _____

Address: _____

Comments: _____

_____

_____

Name: _____ Date: _____

Email / Phone: _____

Address: _____

Comments: _____

_____

_____

Name: _____ Date: _____

Email / Phone: _____

Address: _____

Comments: _____

_____

_____

Name: _____ Date: _____

Email / Phone: _____

Address: _____

Comments: _____

_____

_____

Name: _____ Date: _____

Email / Phone: _____

Address: _____

Comments: _____

_____

_____

Name: _____ Date: _____

Email / Phone: _____

Address: _____

Comments: _____

_____

_____

Name: _____ Date: _____

Email / Phone: _____

Address: _____

Comments: _____

_____

_____

Name: _____ Date: _____

Email / Phone: _____

Address: _____

Comments: _____

_____

_____

Name: _____ Date: _____

Email / Phone: _____

Address: _____

Comments: _____

_____

_____

Name: _____ Date: _____

Email / Phone: _____

Address: _____

Comments: _____

_____

_____

Name: _____ **Date:** _____

Email / Phone: _____

Address: _____

Comments: _____

_____

_____

Name: _____ **Date:** _____

Email / Phone: _____

Address: _____

Comments: _____

_____

_____

Name: _____ **Date:** _____

Email / Phone: _____

Address: _____

Comments: _____

_____

_____

Name: _____ *Date:* _____

Email / Phone: _____

Address: _____

Comments: _____

_____

_____

Name: _____ *Date:* _____

Email / Phone: _____

Address: _____

Comments: _____

_____

_____

Name: _____ *Date:* _____

Email / Phone: _____

Address: _____

Comments: _____

_____

_____

Name: _____ Date: _____

Email / Phone: _____

Address: _____

Comments: _____

_____

_____

Name: _____ Date: _____

Email / Phone: _____

Address: _____

Comments: _____

_____

_____

Name: _____ Date: _____

Email / Phone: _____

Address: _____

Comments: _____

_____

_____

Name: _____ Date: _____

Email / Phone: _____

Address: _____

Comments: _____

_____

_____

Name: _____ Date: _____

Email / Phone: _____

Address: _____

Comments: _____

_____

_____

Name: _____ Date: _____

Email / Phone: _____

Address: _____

Comments: _____

_____

_____

Name: _____ Date: _____

Email / Phone: _____

Address: _____

Comments: _____

_____

_____

Name: _____ Date: _____

Email / Phone: _____

Address: _____

Comments: _____

_____

_____

Name: _____ Date: _____

Email / Phone: _____

Address: _____

Comments: _____

_____

_____

Name: _____ Date: _____

Email / Phone: _____

Address: _____

Comments: _____

_____

_____

Name: _____ Date: _____

Email / Phone: _____

Address: _____

Comments: _____

_____

_____

Name: _____ Date: _____

Email / Phone: _____

Address: _____

Comments: _____

_____

_____

Name: _____ Date: _____

Email / Phone: _____

Address: _____

Comments: _____

_____

_____

Name: _____ Date: _____

Email / Phone: _____

Address: _____

Comments: _____

_____

_____

Name: _____ Date: _____

Email / Phone: _____

Address: _____

Comments: _____

_____

_____

Name: _____ Date: _____

Email / Phone: _____

Address: _____

Comments: _____

_____

_____

Name: _____ Date: _____

Email / Phone: _____

Address: _____

Comments: _____

_____

_____

Name: _____ Date: _____

Email / Phone: _____

Address: _____

Comments: _____

_____

_____

Name: _____ *Date:* _____

Email / Phone: _____

Address: _____

Comments: _____

_____

_____

Name: _____ *Date:* _____

Email / Phone: _____

Address: _____

Comments: _____

_____

_____

Name: _____ *Date:* _____

Email / Phone: _____

Address: _____

Comments: _____

_____

_____

Name: _____ Date: _____

Email / Phone: _____

Address: _____

Comments: _____

_____

_____

Name: _____ Date: _____

Email / Phone: _____

Address: _____

Comments: _____

_____

_____

Name: _____ Date: _____

Email / Phone: _____

Address: _____

Comments: _____

_____

_____

Name: _____ Date: _____

Email / Phone: _____

Address: _____

Comments: _____

_____

_____

Name: _____ Date: _____

Email / Phone: _____

Address: _____

Comments: _____

_____

_____

Name: _____ Date: _____

Email / Phone: _____

Address: _____

Comments: _____

_____

_____

Name: _____ Date: _____

Email / Phone: _____

Address: _____

Comments: _____

_____

_____

Name: _____ Date: _____

Email / Phone: _____

Address: _____

Comments: _____

_____

_____

Name: _____ Date: _____

Email / Phone: _____

Address: _____

Comments: _____

_____

_____

Name: _____ Date: _____

Email / Phone: _____

Address: _____

Comments: _____

_____

_____

Name: _____ Date: _____

Email / Phone: _____

Address: _____

Comments: _____

_____

_____

Name: _____ Date: _____

Email / Phone: _____

Address: _____

Comments: _____

_____

_____

Name: _____ Date: _____

Email / Phone: _____

Address: _____

Comments: _____

_____

_____

Name: _____ Date: _____

Email / Phone: _____

Address: _____

Comments: _____

_____

_____

Name: _____ Date: _____

Email / Phone: _____

Address: _____

Comments: _____

_____

_____

Name: _____ **Date:** _____

Email / Phone: _____

Address: _____

Comments: _____

_____

_____

Name: _____ **Date:** _____

Email / Phone: _____

Address: _____

Comments: _____

_____

_____

Name: _____ **Date:** _____

Email / Phone: _____

Address: _____

Comments: _____

_____

_____

Name: _____ Date: _____

Email / Phone: _____

Address: _____

Comments: _____

_____

_____

Name: _____ Date: _____

Email / Phone: _____

Address: _____

Comments: _____

_____

_____

Name: _____ Date: _____

Email / Phone: _____

Address: _____

Comments: _____

_____

_____

Name: _____ Date: _____

Email / Phone: _____

Address: _____

Comments: _____

_____

_____

Name: _____ Date: _____

Email / Phone: _____

Address: _____

Comments: _____

_____

_____

Name: _____ Date: _____

Email / Phone: _____

Address: _____

Comments: _____

_____

_____

Name: _____ Date: _____

Email / Phone: _____

Address: _____

Comments: _____

_____

_____

Name: _____ Date: _____

Email / Phone: _____

Address: _____

Comments: _____

_____

_____

Name: _____ Date: _____

Email / Phone: _____

Address: _____

Comments: _____

_____

_____

Name: _____ Date: _____

Email / Phone: _____

Address: _____

Comments: _____

_____

_____

Name: _____ Date: _____

Email / Phone: _____

Address: _____

Comments: _____

_____

_____

Name: _____ Date: _____

Email / Phone: _____

Address: _____

Comments: _____

_____

_____

Name: _____ Date: _____

Email / Phone: _____

Address: _____

Comments: _____

_____

_____

Name: _____ Date: _____

Email / Phone: _____

Address: _____

Comments: _____

_____

_____

Name: _____ Date: _____

Email / Phone: _____

Address: _____

Comments: _____

_____

_____

Name: _____ Date: _____

Email / Phone: _____

Address: _____

Comments: _____

_____

_____

Name: _____ Date: _____

Email / Phone: _____

Address: _____

Comments: _____

_____

_____

Name: _____ Date: _____

Email / Phone: _____

Address: _____

Comments: _____

_____

_____

Name: _____ Date: _____

Email / Phone: _____

Address: _____

Comments: _____

_____

_____

Name: _____ Date: _____

Email / Phone: _____

Address: _____

Comments: _____

_____

_____

Name: _____ Date: _____

Email / Phone: _____

Address: _____

Comments: _____

_____

_____

Name: _____ Date: _____

Email / Phone: _____

Address: _____

Comments: _____

_____

_____

Name: _____ Date: _____

Email / Phone: _____

Address: _____

Comments: _____

_____

_____

Name: _____ Date: _____

Email / Phone: _____

Address: _____

Comments: _____

_____

_____

Name: _____ Date: _____

Email / Phone: _____

Address: _____

Comments: _____

_____

_____

Name: _____ Date: _____

Email / Phone: _____

Address: _____

Comments: _____

_____

_____

Name: _____ Date: _____

Email / Phone: _____

Address: _____

Comments: _____

_____

_____

Name: _____ Date: _____

Email / Phone: _____

Address: _____

Comments: _____

_____

_____

Name: _____ Date: _____

Email / Phone: _____

Address: _____

Comments: _____

_____

_____

Name: _____ Date: _____

Email / Phone: _____

Address: _____

Comments: _____

_____

_____

Name: _____ Date: _____

Email / Phone: _____

Address: _____

Comments: _____

_____

_____

Name: _____ Date: _____

Email / Phone: _____

Address: _____

Comments: _____

_____

_____

Name: _____ Date: _____

Email / Phone: _____

Address: _____

Comments: _____

_____

_____

Name: _____ Date: _____

Email / Phone: _____

Address: _____

Comments: _____

_____

_____

Name: _____ Date: _____

Email / Phone: _____

Address: _____

Comments: _____

_____

_____

Name: _____ Date: _____

Email / Phone: _____

Address: _____

Comments: _____

_____

_____

Name: _____ Date: _____

Email / Phone: _____

Address: _____

Comments: _____

_____

_____

Name: _____ Date: _____

Email / Phone: _____

Address: _____

Comments: _____

_____

_____

Name: _____ Date: _____

Email / Phone: _____

Address: _____

Comments: _____

_____

_____

Name: _____ Date: _____

Email / Phone: _____

Address: _____

Comments: _____

_____

_____

Name: _____ Date: _____

Email / Phone: _____

Address: _____

Comments: _____

_____

_____

Name: _____ Date: _____

Email / Phone: _____

Address: _____

Comments: _____

_____

_____

Name: _____ Date: _____

Email / Phone: _____

Address: _____

Comments: _____

_____

_____

Name: _____ Date: _____

Email / Phone: _____

Address: _____

Comments: _____

_____

_____

Name: _____ Date: _____

Email / Phone: _____

Address: _____

Comments: _____

_____

_____

Name: _____ **Date:** _____

Email / Phone: _____

Address: _____

Comments: _____

_____

_____

Name: _____ **Date:** _____

Email / Phone: _____

Address: _____

Comments: _____

_____

_____

Name: _____ **Date:** _____

Email / Phone: _____

Address: _____

Comments: _____

_____

_____

Name: _____ Date: _____

Email / Phone: _____

Address: _____

Comments: _____

_____

_____

Name: _____ Date: _____

Email / Phone: _____

Address: _____

Comments: _____

_____

_____

Name: _____ Date: _____

Email / Phone: _____

Address: _____

Comments: _____

_____

_____

Name: _____ Date: _____

Email / Phone: _____

Address: _____

Comments: _____

_____

_____

Name: _____ Date: _____

Email / Phone: _____

Address: _____

Comments: _____

_____

_____

Name: _____ Date: _____

Email / Phone: _____

Address: _____

Comments: _____

_____

_____

Name: _____ Date: _____

Email / Phone: _____

Address: _____

Comments: _____

_____

_____

Name: _____ Date: _____

Email / Phone: _____

Address: _____

Comments: _____

_____

_____

Name: _____ Date: _____

Email / Phone: _____

Address: _____

Comments: _____

_____

_____

Name: _____ **Date:** _____

Email / Phone: _____

Address: _____

Comments: _____

_____

_____

Name: _____ **Date:** _____

Email / Phone: _____

Address: _____

Comments: _____

_____

_____

Name: _____ **Date:** _____

Email / Phone: _____

Address: _____

Comments: _____

_____

_____

Name: _____ Date: _____

Email / Phone: _____

Address: _____

Comments: _____

_____

_____

Name: _____ Date: _____

Email / Phone: _____

Address: _____

Comments: _____

_____

_____

Name: _____ Date: _____

Email / Phone: _____

Address: _____

Comments: _____

_____

_____

Name: _____ Date: _____

Email / Phone: _____

Address: _____

Comments: _____

_____

_____

Name: _____ Date: _____

Email / Phone: _____

Address: _____

Comments: _____

_____

_____

Name: _____ Date: _____

Email / Phone: _____

Address: _____

Comments: _____

_____

_____

Name: _____ Date: _____

Email / Phone: _____

Address: _____

Comments: _____

_____

_____

Name: _____ Date: _____

Email / Phone: _____

Address: _____

Comments: _____

_____

_____

Name: _____ Date: _____

Email / Phone: _____

Address: _____

Comments: _____

_____

_____

Name: _____ Date: _____

Email / Phone: _____

Address: _____

Comments: _____

_____

_____

Name: _____ Date: _____

Email / Phone: _____

Address: _____

Comments: _____

_____

_____

Name: _____ Date: _____

Email / Phone: _____

Address: _____

Comments: _____

_____

_____

Name: _____ Date: _____

Email / Phone: _____

Address: _____

Comments: _____

_____

_____

Name: _____ Date: _____

Email / Phone: _____

Address: _____

Comments: _____

_____

_____

Name: _____ Date: _____

Email / Phone: _____

Address: _____

Comments: _____

_____

_____

Name: _____ Date: _____

Email / Phone: _____

Address: _____

Comments: _____

_____

_____

Name: _____ Date: _____

Email / Phone: _____

Address: _____

Comments: _____

_____

_____

Name: _____ Date: _____

Email / Phone: _____

Address: _____

Comments: _____

_____

_____

Name: _____ Date: _____

Email / Phone: _____

Address: _____

Comments: _____

_____

_____

Name: _____ Date: _____

Email / Phone: _____

Address: _____

Comments: _____

_____

_____

Name: _____ Date: _____

Email / Phone: _____

Address: _____

Comments: _____

_____

_____

Name: _____ Date: _____

Email / Phone: _____

Address: _____

Comments: _____

_____

_____

Name: _____ Date: _____

Email / Phone: _____

Address: _____

Comments: _____

_____

_____

Name: _____ Date: _____

Email / Phone: _____

Address: _____

Comments: _____

_____

_____

Name: _____ Date: _____

Email / Phone: _____

Address: _____

Comments: _____

_____

_____

Name: _____ Date: _____

Email / Phone: _____

Address: _____

Comments: _____

_____

_____

Name: _____ Date: _____

Email / Phone: _____

Address: _____

Comments: _____

_____

_____

Name: _____ Date: _____

Email / Phone: _____

Address: _____

Comments: _____

_____

_____

Name: _____ Date: _____

Email / Phone: _____

Address: _____

Comments: _____

_____

_____

Name: _____ Date: _____

Email / Phone: _____

Address: _____

Comments: _____

_____

_____

Name: _____ Date: _____

Email / Phone: _____

Address: _____

Comments: _____

_____

_____

Name: _____ Date: _____

Email / Phone: _____

Address: _____

Comments: _____

_____

_____

Name: _____ Date: _____

Email / Phone: _____

Address: _____

Comments: _____

_____

_____

Name: _____ Date: _____

Email / Phone: _____

Address: _____

Comments: _____

_____

_____

Name: _____ Date: _____

Email / Phone: _____

Address: _____

Comments: _____

_____

_____

Name: _____ Date: _____

Email / Phone: _____

Address: _____

Comments: _____

_____

_____

Name: _____ Date: _____

Email / Phone: _____

Address: _____

Comments: _____

_____

_____

Name: _____ Date: _____

Email / Phone: _____

Address: _____

Comments: _____

_____

_____

Name: _____ Date: _____

Email / Phone: _____

Address: _____

Comments: _____

_____

_____

Name: _____ Date: _____

Email / Phone: _____

Address: _____

Comments: _____

_____

_____

Name: _____ Date: _____

Email / Phone: _____

Address: _____

Comments: _____

_____

_____

Name: _____ Date: _____

Email / Phone: _____

Address: _____

Comments: _____

_____

_____

Name: _____ Date: _____

Email / Phone: _____

Address: _____

Comments: _____

_____

_____

Name: _____ Date: _____

Email / Phone: _____

Address: _____

Comments: _____

_____

_____

Name: _____ Date: _____

Email / Phone: _____

Address: _____

Comments: _____

_____

_____

Name: _____ Date: _____

Email / Phone: _____

Address: _____

Comments: _____

_____

_____

Name: _____ Date: _____

Email / Phone: _____

Address: _____

Comments: _____

_____

_____

Name: _____ Date: _____

Email / Phone: _____

Address: _____

Comments: _____

_____

_____

Name: _____ Date: _____

Email / Phone: _____

Address: _____

Comments: _____

_____

_____

Name: _____ Date: _____

Email / Phone: _____

Address: _____

Comments: _____

_____

_____

Name: _____ Date: _____

Email / Phone: _____

Address: _____

Comments: _____

_____

_____

Name: _____ Date: _____

Email / Phone: _____

Address: _____

Comments: _____

_____

_____

❦

Name: _____ Date: _____

Email / Phone: _____

Address: _____

Comments: _____

_____

_____

❦

Name: _____ Date: _____

Email / Phone: _____

Address: _____

Comments: _____

_____

_____

Name: _____ Date: _____

Email / Phone: _____

Address: _____

Comments: _____

_____

_____

Name: _____ Date: _____

Email / Phone: _____

Address: _____

Comments: _____

_____

_____

Name: _____ Date: _____

Email / Phone: _____

Address: _____

Comments: _____

_____

_____

Name: _____ Date: _____

Email / Phone: _____

Address: _____

Comments: _____

_____

_____

Name: _____ Date: _____

Email / Phone: _____

Address: _____

Comments: _____

_____

_____

Name: _____ Date: _____

Email / Phone: _____

Address: _____

Comments: _____

_____

_____

Name: _____ Date: _____

Email / Phone: _____

Address: _____

Comments: _____

_____

_____

Name: _____ Date: _____

Email / Phone: _____

Address: _____

Comments: _____

_____

_____

Name: _____ Date: _____

Email / Phone: _____

Address: _____

Comments: _____

_____

_____

Name: _____ Date: _____

Email / Phone: _____

Address: _____

Comments: _____

_____

_____

Name: _____ Date: _____

Email / Phone: _____

Address: _____

Comments: _____

_____

_____

Name: _____ Date: _____

Email / Phone: _____

Address: _____

Comments: _____

_____

_____

Name: _____ Date: _____

Email / Phone: _____

Address: _____

Comments: _____

_____

_____

Name: _____ Date: _____

Email / Phone: _____

Address: _____

Comments: _____

_____

_____

Name: _____ Date: _____

Email / Phone: _____

Address: _____

Comments: _____

_____

_____

Name: _____ Date: _____

Email / Phone: _____

Address: _____

Comments: _____

_____

_____

Name: _____ Date: _____

Email / Phone: _____

Address: _____

Comments: _____

_____

_____

Name: _____ Date: _____

Email / Phone: _____

Address: _____

Comments: _____

_____

_____

Name: _____ Date: _____

Email / Phone: _____

Address: _____

Comments: _____

_____

_____

Name: _____ Date: _____

Email / Phone: _____

Address: _____

Comments: _____

_____

_____

Name: _____ Date: _____

Email / Phone: _____

Address: _____

Comments: _____

_____

_____

Name: _____ Date: _____

Email / Phone: _____

Address: _____

Comments: _____

_____

_____

Name: _____ Date: _____

Email / Phone: _____

Address: _____

Comments: _____

_____

_____

Name: _____ Date: _____

Email / Phone: _____

Address: _____

Comments: _____

_____

_____

Name: _____ Date: _____

Email / Phone: _____

Address: _____

Comments: _____

_____

_____

Name: _____ Date: _____

Email / Phone: _____

Address: _____

Comments: _____

_____

_____

Name: _____ Date: _____

Email / Phone: _____

Address: _____

Comments: _____

_____

_____

Name: _____ Date: _____

Email / Phone: _____

Address: _____

Comments: _____

_____

_____

Name: _____ Date: _____

Email / Phone: _____

Address: _____

Comments: _____

_____

_____

Name: _____ Date: _____

Email / Phone: _____

Address: _____

Comments: _____

_____

_____

Name: _____ Date: _____

Email / Phone: _____

Address: _____

Comments: _____

_____

_____

Name: _____ Date: _____

Email / Phone: _____

Address: _____

Comments: _____

_____

_____

Name: _____ Date: _____

Email / Phone: _____

Address: _____

Comments: _____

_____

_____

Name: _____ Date: _____

Email / Phone: _____

Address: _____

Comments: _____

_____

_____

Name: _____ Date: _____

Email / Phone: _____

Address: _____

Comments: _____

_____

_____

Name: _____ Date: _____

Email / Phone: _____

Address: _____

Comments: _____

_____

_____

Name: _____ Date: _____

Email / Phone: _____

Address: _____

Comments: _____

_____

_____

Name: _____ Date: _____

Email / Phone: _____

Address: _____

Comments: _____

_____

_____

Name: _____ Date: _____

Email / Phone: _____

Address: _____

Comments: _____

_____

_____

Name: _____ Date: _____

Email / Phone: _____

Address: _____

Comments: _____

_____

_____

Name: _____ Date: _____

Email / Phone: _____

Address: _____

Comments: _____

_____

_____

Name: _____ Date: _____

Email / Phone: _____

Address: _____

Comments: _____

_____

_____

Name: _____ Date: _____

Email / Phone: _____

Address: _____

Comments: _____

_____

_____

Name: _____ Date: _____

Email / Phone: _____

Address: _____

Comments: _____

_____

_____

Name: _____ Date: _____

Email / Phone: _____

Address: _____

Comments: _____

_____

_____

Name: _____ Date: _____

Email / Phone: _____

Address: _____

Comments: _____

_____

_____

Name: _____ Date: _____

Email / Phone: _____

Address: _____

Comments: _____

_____

_____

Name: _____ Date: _____

Email / Phone: _____

Address: _____

Comments: _____

_____

_____

Name: _____ Date: _____

Email / Phone: _____

Address: _____

Comments: _____

_____

_____

Name: _____ Date: _____

Email / Phone: _____

Address: _____

Comments: _____

_____

_____

Name: _____ Date: _____

Email / Phone: _____

Address: _____

Comments: _____

_____

_____

Name: _____ Date: _____

Email / Phone: _____

Address: _____

Comments: _____

_____

_____

Name: _____ Date: _____

Email / Phone: _____

Address: _____

Comments: _____

_____

_____

Name: _____ Date: _____

Email / Phone: _____

Address: _____

Comments: _____

_____

_____

Name: _____ Date: _____

Email / Phone: _____

Address: _____

Comments: _____

_____

_____

Name: _____ Date: _____

Email / Phone: _____

Address: _____

Comments: _____

_____

_____

Name: _____ Date: _____

Email / Phone: _____

Address: _____

Comments: _____

_____

_____

Name: _____ Date: _____

Email / Phone: _____

Address: _____

Comments: _____

_____

_____

Name: _____ Date: _____

Email / Phone: _____

Address: _____

Comments: _____

_____

_____

Name: _____ Date: _____

Email / Phone: _____

Address: _____

Comments: _____

_____

_____

Name: _____ Date: _____

Email / Phone: _____

Address: _____

Comments: _____

_____

_____

❧

Name: _____ Date: _____

Email / Phone: _____

Address: _____

Comments: _____

_____

_____

❧

Name: _____ Date: _____

Email / Phone: _____

Address: _____

Comments: _____

_____

_____

Name: _____ Date: _____

Email / Phone: _____

Address: _____

Comments: _____

_____

_____

Name: _____ Date: _____

Email / Phone: _____

Address: _____

Comments: _____

_____

_____

Name: _____ Date: _____

Email / Phone: _____

Address: _____

Comments: _____

_____

_____

Name: _____ Date: _____

Email / Phone: _____

Address: _____

Comments: _____

_____

_____

Name: _____ Date: _____

Email / Phone: _____

Address: _____

Comments: _____

_____

_____

Name: _____ Date: _____

Email / Phone: _____

Address: _____

Comments: _____

_____

_____

Name: _____ Date: _____

Email / Phone: _____

Address: _____

Comments: _____

_____

_____

Name: _____ Date: _____

Email / Phone: _____

Address: _____

Comments: _____

_____

_____

Name: _____ Date: _____

Email / Phone: _____

Address: _____

Comments: _____

_____

_____

Name: _____ Date: _____

Email / Phone: _____

Address: _____

Comments: _____

_____

_____

Name: _____ Date: _____

Email / Phone: _____

Address: _____

Comments: _____

_____

_____

Name: _____ Date: _____

Email / Phone: _____

Address: _____

Comments: _____

_____

_____

Name: _____ Date: _____

Email / Phone: _____

Address: _____

Comments: _____

_____

_____

Name: _____ Date: _____

Email / Phone: _____

Address: _____

Comments: _____

_____

_____

Name: _____ Date: _____

Email / Phone: _____

Address: _____

Comments: _____

_____

_____

Name: _____ Date: _____

Email / Phone: _____

Address: _____

Comments: _____

_____

_____

Name: _____ Date: _____

Email / Phone: _____

Address: _____

Comments: _____

_____

_____

Name: _____ Date: _____

Email / Phone: _____

Address: _____

Comments: _____

_____

_____

Name: _____ Date: _____

Email / Phone: _____

Address: _____

Comments: _____

_____

_____

Name: _____ Date: _____

Email / Phone: _____

Address: _____

Comments: _____

_____

_____

Name: _____ Date: _____

Email / Phone: _____

Address: _____

Comments: _____

_____

_____

Name: _____ Date: _____

Email / Phone: _____

Address: _____

Comments: _____

_____

_____

Name: _____ Date: _____

Email / Phone: _____

Address: _____

Comments: _____

_____

_____

Name: _____ Date: _____

Email / Phone: _____

Address: _____

Comments: _____

_____

_____

Name: _____ Date: _____

Email / Phone: _____

Address: _____

Comments: _____

_____

_____

Name: _____ Date: _____

Email / Phone: _____

Address: _____

Comments: _____

_____

_____

Name: _____ Date: _____

Email / Phone: _____

Address: _____

Comments: _____

_____

_____

Name: _____ Date: _____

Email / Phone: _____

Address: _____

Comments: _____

_____

_____

Name: _____ Date: _____

Email / Phone: _____

Address: _____

Comments: _____

_____

_____

Name: _____ Date: _____

Email / Phone: _____

Address: _____

Comments: _____

_____

_____

Name: _____ Date: _____

Email / Phone: _____

Address: _____

Comments: _____

_____

_____

Name: _____ Date: _____

Email / Phone: _____

Address: _____

Comments: _____

_____

_____

Name: _____ Date: _____

Email / Phone: _____

Address: _____

Comments: _____

_____

_____

Name: _____ Date: _____

Email / Phone: _____

Address: _____

Comments: _____

_____

_____

Name: _____ Date: _____

Email / Phone: _____

Address: _____

Comments: _____

_____

_____

Name: _____ Date: _____

Email / Phone: _____

Address: _____

Comments: _____

_____

_____

Name: _____ Date: _____

Email / Phone: _____

Address: _____

Comments: _____

_____

_____

Name: _____ Date: _____

Email / Phone: _____

Address: _____

Comments: _____

_____

_____

Name: _____ Date: _____

Email / Phone: _____

Address: _____

Comments: _____

_____

_____

Name: _____ Date: _____

Email / Phone: _____

Address: _____

Comments: _____

_____

_____

Name: _____ Date: _____

Email / Phone: _____

Address: _____

Comments: _____

_____

_____

Name: _____ Date: _____

Email / Phone: _____

Address: _____

Comments: _____

_____

_____

Name: _____ Date: _____

Email / Phone: _____

Address: _____

Comments: _____

_____

_____

Name: _____ Date: _____

Email / Phone: _____

Address: _____

Comments: _____

_____

_____

Name: _____ Date: _____

Email / Phone: _____

Address: _____

Comments: _____

_____

_____

Name: _____ Date: _____

Email / Phone: _____

Address: _____

Comments: _____

_____

_____

Name: _____ Date: _____

Email / Phone: _____

Address: _____

Comments: _____

_____

_____

Name: _____ Date: _____

Email / Phone: _____

Address: _____

Comments: _____

_____

_____

Name: _____ Date: _____

Email / Phone: _____

Address: _____

Comments: _____

_____

_____

Name: _____ Date: _____

Email / Phone: _____

Address: _____

Comments: _____

_____

_____

Name: _____ Date: _____

Email / Phone: _____

Address: _____

Comments: _____

_____

_____

Name: _____ Date: _____

Email / Phone: _____

Address: _____

Comments: _____

_____

_____

Name: _____ Date: _____

Email / Phone: _____

Address: _____

Comments: _____

_____

_____

Name: _____ Date: _____

Email / Phone: _____

Address: _____

Comments: _____

_____

_____

Name: _____ Date: _____

Email / Phone: _____

Address: _____

Comments: _____

_____

_____

Name: _____ Date: _____

Email / Phone: _____

Address: _____

Comments: _____

_____

_____

Name: _____ Date: _____

Email / Phone: _____

Address: _____

Comments: _____

_____

_____

Made in the USA
Las Vegas, NV
06 August 2021

27682539R00061